Das Lied vom fleißigen Ingenieur
von
Hannelore Hoose

Made in Germany 5/2010 1. Auflage

Herstellung und Verlag:

Books on Demand GmbH, Norderstedt

ISBN 978-3-8391-4374-2

Hannelore Hoose

Das Lied vom fleißigen Ingenieur

Books on demand

Inhaltsverzeichnis

Das Lied vom fleißigen Ingenieur
Statiker im Flugzeugbau

Teamwork soll die Methode heißen,
wenn viele in die Nuss reinbeißen.

Dem Jubilar

Ingo Kröber

zum 25 jährigem

Jubiläum

1

Freudig strömen sie in Scharen
grüßend ihren Jubilar,
der seit 25 Jahren
Hilfe bot und Rat sogar.

2

Als Berater und Betreuer
im System der E.D.V.
ist sein Wissen ungeheuer
und bis ins Detail genau.

3

Ja, er weiß stets um die Tücken
dieser Technik, einst und jetzt,
schließt behände alle Lücken,
wenn der Wissensstand verletzt.

4

Zeitaufwendige, banale,
Gleichungen mit Unbekannt
löst er leicht mit einem Male
in Sekunden-Zeitaufwand.

5

Mit der Dornier einunddreißig
fing sein Wirken bei uns an,
schleppte Lochkarten ganz fleißig,
in Kartons dafür heran.

6

Danach hat er sich beflissen

Senkrechtstartern zugewandt,
für die er, – wie es alle wissen –
Kraftgrößen, finit, erfand.

7

Einheitsschübe in den Schnitten,
Fußboden mit Rumpfprogramm
hat er rechnerisch erstritten
mit den Spanten im Programm.

8

V.F.W. sechshundertvierzehn
war sein nächstes Arbeitsziel,
und es ist nicht abzustreiten,
dabei schaffte Ingo viel.

9

Ohne Ausschnitt, ohne Löcher,
ungestörte Rumpfstruktur
kann man rechnen noch und nöcher,
doch – als Idealfall nur.

10

Ingo wusste um die Mängel
und er sprang gleich helfend ein,
wie ein rettend guter Engel–
sollte so ein Ausschnitt sein.

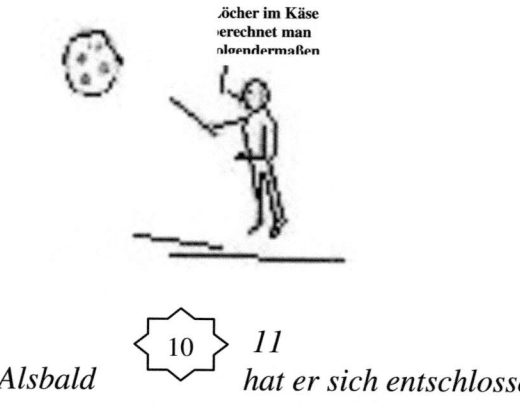

.öcher im Käse
,erechnet man
,olgendermaßen

Alsbald ⟨10⟩ *11* hat er sich entschlossen

Kleinprogrammen zugewandt
die wie aus der Erde schossen
und als Abkürzung bekannt:

12

Osgood, Querop, Kuhn und Drillknic
Optimo, Kreisspa, Symbol,
Oesen, Platte, Schraub und Eulknic
kennt von uns ein jeder wohl.

13

Noch bis circa vor 10 Jahren
konnte man ganz sicher geh`n,
bei Teilen, die im Flugzeug waren,
dass sie durchwegs homogen.

14

Dann kam eine große Wende
mit den Fasern im Verbund,
doch auch hier gab es am Ende
Auskunft aus beruf`nem Mund.

15

Gut gemischt wie Kohl und Pinkel
sind Faserstoffe da und dort,
doch im Orientierungswinkel
schichtweise am rechten Ort.

Die Fasern haben mich gefesselt!

11

Für ihr Beulen, Knicken, Ziehen,

Drücken, Biegen, längs und quer,
gibt nach ernsthaftem Bemühen
Ingo eine Antwort her.

17

Selbst wenn Nässe in die Schichten
eindringt, und sie so verletzt,
kann er darüber berichten
was man ganz besonders schätzt.

18

Löcher -auch mit Kerbfaktoren-
hat sein Forschungsdrang erfasst,
nichts bleibt vor ihm ungeschoren,
was in ein Programm reinpasst.

19

Fest erfasst hat er das Wetter
mit dem E.D.V.-Verstand,
so entstanden Wetter-Blätter,
voll gespickt bis an den Rand.

20

Supertropisch bis zu arktisch
ist das Wetter in der Welt,
welches, selbstverständlich statisch,
unser Airbus gut aushält.

Auszuloten diese Werte

aus der weiten Erde Rund,
hat sich Ingo, der Verehrte,
abgemüht in mancher Stund.

22

Nein, er braucht nicht zu erröten,
wenn man ihm viel Lob zumisst,
nicht den Ehrgeiz abzutöten,
da er noch im Einsatz ist!

23

Fortschritt eilt wie Geistesblitze,
Phantasie beflügelt schnell,
dass man sie zur Arbeit nütze,
sei ein jeder gleich zur Stell.

24

Morgen wird er schon vielleicht
aus der Fülle seines Strebens,
neu gestalten, was erreicht –
und die Müh ist nie vergebens.

25

Dass er bleibt, so wie er war,
wünschen ihm in dieser Stunde
für die nächsten 20 Jahr`
alle hier in dieser Runde.

Dem Jubilar

Erdwig Brüns

zum 25 jährigem

Jubiläum

Unsrem Jubilar zu Ehren,

sind wir erfreut herbeigeeilt
wollen Herrn Brüns hiermit erklären,
wie schön, dass er noch bei uns weilt.

2

Man weiß, dass er in Ingolstadt,
dort, wo der gute Audi her,
im Autowerk geschuftet hat,
dann reizte ihn das gar nicht mehr.

3

Will man Gerüchten Glauben schenken
wirkte er dann im TÜV – Verein,
für Anfänger beim Autolenken,
als Prüfer für den Führerschein.

4

Als dann vor fünfundzwanzig Jahren
Herr Brüns bei H.F.B. begann,
fing dort sein Statiker-Gebaren
im Stil der sechziger Jahre an.

5

Fast virtuos mit Rechenschieber,
Genauigkeit − Prozentsatz drei,
gepackt von wildem Arbeitsfieber,
war er in Hamburg schon dabei.

+

H.F.B   Hamburger Flugzeugbau

6

Verbrochen hat er dort die Spante,
3 2 0   H.   F.   B.
die Mühsal höllisch wie bei Dante
mit Biegung, Schub und mit φ dreh.

7

Aus Unterschriften, die verraten,
wo er beteiligt überall, weiß man,
er kaufte seinen Braten
auch für sein Tun an der Transall.

8

Danach bemühte er sich fleißig
im Werk Lemwerder, wie bekannt,
beim Nachweis der „ Do 31“,
bis er den Weg nach Bremen fand.

9

Hier stieg er gleich, wie sollt es sein,
mit Arbeit und mit viel Vertrauen
in die sechshundertvierzehn ein,
um einen Rumpfabschnitt zu bauen.

10

Die Stringer, Spante und die Haut
musste er dimensionieren –
mit dem Verfahren längst vertraut,
was kann denn da noch groß passieren.

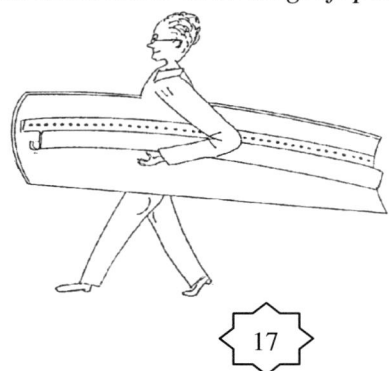

11

Als VFW einmal bestreikt,
da haben alle nur gewettert,
und waren dem nicht zugeneigt,
doch er ist übern Zaun geklettert.

12

Er hat ihn heimlich still bezwungen
in seiner unscheinbaren Art,
doch ein Schnappschuss, der gelungen
wird archivarisch aufbewahrt.

13

Nachdem die V.F.W. gebaut
und der Verkauf unterminiert,
hat man ihm ATTAS anvertraut,
die er sorgfältig durchgeführt.

14

Man probte mit dem schönen Flieger
den „Flight by wire" gründlich aus:
So konnte schließlich auch der Tiger
aus V.F.W. – Tanks mal heraus. –

15

Dann stieg Herr Brüns in „Fokker 100"
der Niederländer kräftig ein,
und bald, wenngleich nicht sehr verwundert,
hatte er in der Tür ein Bein!

Anmerkung: Außertarifliche durften nicht streiken

16

Die Frachttür war es, die „Cargo door",
fest von ihm in Griff genommen,
er nahm sich auch die Rahmen vor,
die bei Klappen stets vorkommen.

17

Wer fragt, dem macht man es gleich kund:
Die Klappen, beige, grau oder Ocker
der achtundneunzigtausend Pfund
sind aus verlängerter Version der FOKKER.

18

Ist auch der Rechengang verrückt
bei der Klebeschale Lagen,
so ist auch diese ihm geglückt
kann man nun zum Abschluss sagen.

19

Ganz zwischendurch, fast unbemerkt,
hat Herr Brüns gleich ordnerweise
beim Bericht – durchseh`n gewerkt,
ohne Aufseh´n und ganz leise.

20

Wer zählt die Ordner, nennt die Namen
der Statiker für B.A.G.,
die dann zu ihm zum Prüfen kamen,
damit er nach dem Rechten seh`.

21

Zu Hause ist er auch aktiv,
Beweise gibt's dafür nicht minder.
Gemeint ist hier der Baum – Ertrag
und nicht die Anzahl seiner Kinder.

22

Die ganze TE fünf siebenunddreißig
hat er mit Äpfeln eingedeckt.
Jetzt essen alle davon fleißig,
weil ungespritzter Apfel schmeckt.

23

Der Sehnsuchtsblick, den er privat
ganz irdischen Produkten schenkt,
hat er – das ist hier kein Verrat –
auf bill`ge Autos hin gelenkt.

24

Nach so viel hier erlebten Jahren
schuf er ein Stück von M.B.B.,
mit Nachweisen zum Aufbewahren
und für das Handbuch ACD.

25

An diesem seinem Jubeltage
wünschen wir weiterhin viel Glück!
Es steh` ihm bei in jeder Lage
und kehre stets zu ihm zurück.

M.B.B. Messerschmidt Bölkow Blohm

Dem Jubilar

Heinrich Rippe

zum 25 jährigem

Jubiläum

1

Freudig scholl es aus den Gängen,
jeder eilt zum Festsaal hin,
zu Herrn Rippe sich zu drängen,
Heinrich Rippe ist heut „in".

2

Feiern lässt er sich mal heute,
und das Aug vor Freuden feucht,
Kollegen sind halt solche Leute,
die man nicht so leicht verscheucht.

3

Denn es steht genau geschrieben,
fünfundzwanzig Jahre voll
hat von Arbeitswut getrieben,
er erfüllt sein Arbeitssoll.

4

Dass er sich als Ingenieur
mit der Statik eingelassen
ja noch auszuhalten wär`,
und man kann es auch noch fassen,

5

Früh geübt in jungen Jahren
mit dem Handwerk du auf du,
als jüngster von den Jubilaren,
fand er weder Rast noch Ruh.

6

Und nun höre man und staune,
was er sich da ausgedacht,
das war mehr als eine Laune,
denn sein Haus ist selbstgemacht.

7

Alles das so nebenbei,
neben Spannungen und Sorgen,
ob der Flügelkasten hält,
ob die Banken ihm was borgen.

8

Früh des morgens ging es los,
Rumpf– Sechs–Vierzehn, Flügelstummel,
wie war das mit der F.E.M. da bloß
ach was war das für ein Rummel!

9

Denn Herr Heinrich Rippe hatte,
im Gespann mit Hermeneit,
eine erste große glatte
F.E.M. – Rechnung hier eingeweiht.

10

Abends griff er dann zum Spaten –
Rücken krumm und Erde raus–
Abendessen konnte warten.
Ja, das hielt Herr Rippe aus.

F.E.M.   Finite Elemente Rechnung - löst Rechnungen mit hunderten
von Verknüpfungen und mehr

Schaffe,
schaffe,
Häusle
baue

11
Ganz nur so mit Muskelstärke
wird ein Haus ja nicht gebaut,
mit Vorsicht ging er hier zu Werke,
dass bloß der Staat ihm nichts versaut.

12
Drum hatte er den Vorschriftswust
bestens umsichtig bedacht,
zu vermeiden späten Frust
als Folge der Behördenschlacht.

In der Firma sind dann wieder
Spante, Kielträger gefragt
und dazu Verbindungsglieder
der sechs vierzehn, wie gesagt.

14

Und so ging es wechselweise,
mal 6 14, mal der Bau,
mal mehr laut und mal mehr leise,
und dass er nach dem Rechten schau.

15

Darum ist es nicht erstaunlich,
als das Telefon erscholl,
der Kollegin, die es abnahm,
folgendes zu Ohren quoll:

16

Der Herr Rippe möchte bitte,
umgehend, wir wären froh,
„Bausenabholn, alles fertig,
möglichst bald und sowieso"

17

Die Akustik hat gelitten,
Herrn Rippe sagt sie ihrerseits:
"Bausenator möchte bitten,
alles fertig schon bereits."

18

Die Verblüffung war ganz offen:
"Hab` mich nicht ans Amt gewandt"
Deshalb weder Furcht noch Hoffen,
denn er ist dort unbekannt.

19

Nein, es waren wirklich Pausen
der Sechs–Vierzehn wie zu sehn,
und er konnte sie zu holen,
gleich zur Pauserei hin geh`n.

20

Weiter ging es unverdrossen
mit Ermüdung im Versuch,
an der GD4 gemessen–
nichts war ihm ein rotes Tuch.

ich habe Ihnen schon immer gesagt:
Sie sollen kein Zuckerwasser in die
Sandwich -Profile füllen,
das lockt nur die Bienen ran!

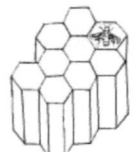

21

ATTAS und auch das Betreuen
der Breitschaft für den Flug,
konnten ihn zum Abschluss freuen,
und es gab zu tun genug.

GD4   Messanlage für Ermüdungsversuche

22

Sich das Rauchen abgewöhnen
fällt Herrn Rippe gar nicht schwer,
ohne Jammern, ohne Stöhnen,
schafft er`s 10 mal und noch mehr.

23

Eine ganz besond´re Sache
war der Laminar-Handschuh:
dass er glatte Flächen mache,
schrieb man ihm auch eiligst zu.

24

Danach kamen Bauteilglieder —
aus dem CFK sogar,#
und beim Spoiler sah man wieder,
wie aktiv er dabei war.

25

Und so grüßen als Bekannte
A300 und auch …10,
und es grüßen die Kollegen,
die ihn gern inmitten sehn.

 # CFK Kohlenstofffaser

Dem Jubilar

Wolfgang Gorsch

zum 25 jährigem

Jubiläum

im Rhythmus eines polnischen Gassenhauers

1

Fünfundzwanzig Jahr` vergangen
und mit Hoffen und mit Bangen

hat sich Wolfgang Gorsch bei VFW gewagt,
manchen Flugzeugrumpf zu formen,
nach gegebenen ihm Normen,
ach was hat er sich in dieser Zeit geplagt!

2

Hier steht er nun in der Mitten,
überglücklich unbestritten,

Gratulanten der Abteilung um ihn rum,
heben ihm das Glas zum Wohle,
wünschen viel Erfolg und Kohle,
staunen mächtig, dass die Zeit schon wieder um.

3

Viel Erfolg war ihm beschieden,
und von niemandem benieden,

was sein Arbeitssinn und Ordnungssinn erdacht,
denn genau und übersichtlich,
akkurat und immer richtig,
hat er die Berichte einwandfrei gemacht!

4

Ganz zum Beispiel bei der Fokker,
saß er lange auf dem Hocker,

um bei der verlängerten Version
Unterschale zu kreieren,
die Geduld nicht zu verlieren,
ja, das wissen wir doch alle lange schon!

5

An der Fokker achtundzwanzig
und auch bei der sieb`n undzwanzig

war sein Augenmerk auf Rumpfschale gelenkt,
dass die Klappen immer klappen,
war sein nächster Arbeitshappen,
seht, man hat ihm in der Statik nichts geschenkt.

6

Die Erhöhung der Gewichte,
sei erwähnt hier im Gedichte,

die man ihm mit Fokker Hundert anvertraut,
ja, er hat es gut gemeistert,
und sein Chef war hell begeistert,
als er die RF – Faktoren danach angeschaut! #

 # RF   Reservefaktor gegenüber Bruch

7

Nennt ihn einen Virtuosen,
schenkt ihm in Gedanken Rosen,

für den Seiltanz im Bereich der Sicherheit,
denn man konnte bald bemerken,
es gab nichts mehr zu verstärken,
und der Nachweis war gemacht und auch bereit!

8

Nicht allein im Lande Bremen,
musst er so der Statik leben,

denn man hat ihn auch nach Holland delegiert,
dort hat er gewiss ganz locker,
an Maschinen ihrer Fokker,
gerne mitgewirkt und englisch diskutiert!

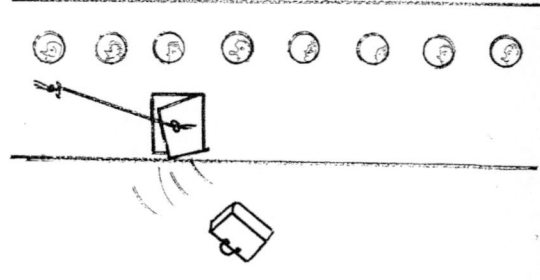

9

Man weiß vieles noch zu sagen,
von den arbeitsreichen Tagen,

die er hier im Bremer Werk hat zugebracht,
von sechshundert und vierzehn
hat man seinerzeit geseh`n,
dass er Unterschalenrechnungen gemacht!

Akkurat in Teil und Masse,
was ihn nie im Stiche lasse,

hat er Limits für die Stringer und die Haut
so erstellt und vorbereitet,
dass es zum Benutz verleitet
und ein jeder, der es braucht, gern danach schaut!

11

Was er sonst noch so getrieben,
das sei hier mit aufgeschrieben,

und was er sich dabei da alles zugetraut,
denn im Toto und im Lotto
war sein stetes Handlungsmotto,
wird die Zahlenfolge richtig zugebraut!

12

Leider kann man es nicht sagen,
er verneint `s auf unsre Fragen,

dass er dann zum Millionär geworden wär,
trotz des Spiels in einer Gruppe
isst er heut noch Kohl und Suppe,
ach, das Reichwerden durch Lotto ist so schwer!

13

Ungefährlich war dies Treiben,
und es sollte auch so bleiben,

doch dann hat er leider Zimmerflack gespielt,
dabei sieht man `s ihm nicht an,
dass ein Kind in diesem Mann,
bis er Streichhölzer in seinen Händen hielt!

14

Einmal hat er sich besonnen,
einem Faden beizukommen,

den er grad an seinem Kleidungsstück entdeckt,
in der falschen Hand die Schere,
machte hier ihm keine Ehre,
denn die Tücke steckt ja stets in dem Objekt!

15

Ach, was hört man so von Dingen,
die ihm sonst auch noch gelingen,

wie zum Beispiel von dem Flaschen-Korken zieh´n,
denn den Korken aus den Flaschen
zog er mit dem Biss, dem raschen,
was hat ihm die Riesenkräfte wohl verlieh´n?

16

Und was mag ihn wohl bewegen,
Bierfässchen ganz hoch zu legen,

noch dazu, wenn sie den Dienst schon längst quittiert,
denn sie sind ja voller Luft,
höchstens ist von Bier dort Duft,
ja, das fragen wir mal heut ganz ungeniert!

17

Mit Bierfässchen und mit Dosen
gab es mal einen famosen

Druckversuch in richt`ger statischer Manier,
und man konnte dabei wetten,
was sie auszuhalten hätten,
doch die Dosen waren alle ohne Bier!

18

Alle, die zum Jubelfeste
kamen hier als sein Gäste

gratulieren ihm an diesem schönen Tag,
und sie sagen ihm ganz nett,
dass er viel zu bieten hätt`
und als Kollegen ihn auch jeder gerne mag!

Dem Jubilar

Ehrhard Silber

zum 25 jährigem

Jubiläum

1

Zu des Jubilares Ehren,
mög`sein Schaffen lange währen,
sind wir hier im Raum zusammen,
wir, die aus der Statik stammen.

2

Fest geschweißt in `zig der Jahren,
als ein Team RF-erfahren,
bringen wir dem Jubilar,
Silber, unsern Glückwunsch dar.

3

Seinerzeit mit Rechenschieber,
eifrig in dem Arbeitsfieber
bei dem VFW – Projekt,
schaffte Ehrhard fast versteckt.

4

Statik ist was für die Stillen,
die mit Fleiß und starken Willen
nachempfinden der Physik
ihren, „Ja, es hält doch noch" Trick.

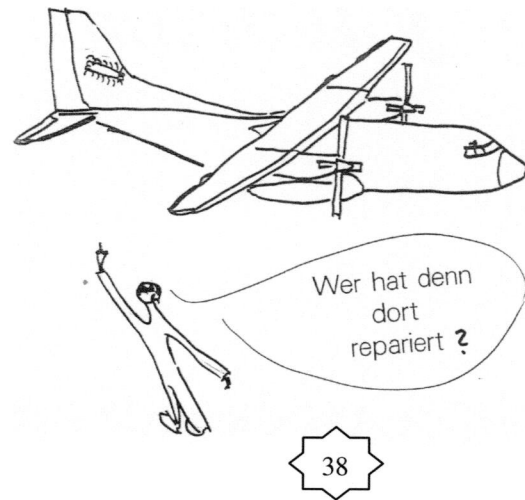

Wer hat denn
dort
repariert ?

5

Mit dem Rumpf dereinst bedacht,
hat er sich ans Werk gemacht
und deshalb so manchem Spant
ihn erforschend zugewandt.

6

Dass die Druckwand einem Muss
statisch folgt, war dann der Schluss.
Für das wo und wie sodann, zog er`s
FEM – Ergebnis ran.

7

Leider war dann aus der Traum,
die 6, 14 fliegt ja kaum
in der Menge, wie wir glaubten,
wenngleich wir vor Ärger schnaubten.

8

Als Folge kam ein Veteran
zum Berechnen für ihn ran.
Die Transall vom Militär
eignete sich dafür sehr.

9

Dort ging er mit Zartgefühl
Leitwerken an ihr Gewühl
aus Stangen, Blechen, Nieten, Streben
und erforschte deren Leben.

10

Dann zog er den Schluss daraus,
die Transall ist längst nicht aus,
mit par Änderungen eben
kann sie sich noch lange regen.

11

Der Herr Silber kam in Trab,
rackerte sich ernstlich ab,
musste auch mal nach Paris,
wo man sich auf ihn verließ.

12

Denn der Schaden aus dem Bruch,
bauchgelandet war genug
ihn mit Arbeit einzudecken,
eine Lösung auszuhecken.

13

Als Herr Brüns verließ das Floß
ging die Arbeit richtig los.
Dessen Erbe, diese Fokker,
ließ von nun an ihn nicht locker.

14

Mit der gleichen Arbeitswut
stürzte er sich einst auch gut
ins – Bildungs – Sprach- Repertoire
wo er einzig Spitze war.

15

Damals hat er sich entschlossen,
eifert drin noch unverdrossen,
im französisch sich zu messen,
hören, sprechen, schreiben, essen.

16

Letzteres des Reimes wegen,
sonst soll er Wert aufs Lesen legen.
Franzosen ihn von fern besuchen,
zum Urlaub nur, Logis mit Kuchen.

17

Danach – kommt er irgendwann
auch in Frankreich selber an
und so wird ganz ungeniert
das Französisch aufpoliert.

18

Musikalisches Gehör
brauch man in Französisch sehr,
doch er hat ja mal gesungen,
laut im Chor mit starken Lungen.

19

Zum Gesang, das ist ja klar,
passt der Tanz ganz wunderbar,
und so kam dann wie es soll:
Silber tanzt den Rock and Roll.

20

Bei dem wüsten Tanzgenuss
blieb es nicht, weiß man zum Schluss,
denn Herr Silber fing sodann
bei dem Judo auch noch an.

21

Vorsicht drum, seid auf der Hut,
wenn sein Judo auch so gut,
legt er uns nochmal auf` Kreuz.
Der Betroffene bereut`s.

22

Im Winter läuft Herr Silber Ski,
ob gut ob schlecht, das weiß man nie,
er fährt ja schließlich so weit fort:
Steinau heißt sein Urlaubsort.

23

Dieser Ort liegt dicht am Brenner,
gut für Langlauf-Alpen-Kenner.
Im Sommer ist die Ostsee dran,
wo er dann gut schwimmen kann.

24

Dass er viel reist - und nicht zu Haus-
das kriegte auch ein Marder raus
und setzte sich bei ihm ganz fest,
Schlupfloch suchend in ein Nest.

25

Da wir ihn jetzt so gut kennen
und ihn auch Kollegen nennen,
wünschen wir, dass er so bleibt
und sein Tun noch weiter treibt.

Dem Jubilar

Etzard Arends

zum 25 jährigem

Jubiläum

1

Immer mehr Kollegen drängen
sich in dieses hier Büro:
Ihre Mienen sind so heiter
alle sind so richtig froh.

2

Einer hat heut Jubiläum –
aber nicht nur irgendwer,
denn er ragt ja über alle,
ist sehr groß und vieles mehr.

3

Etzard Arends ist es heute,
der sein Hiersein voll genießt,
und das Silberjubiläum
auch entsprechend feucht begießt.

4

Mit der Fliegerei verwachsen,
mit der Technik „du auf du"
teilt er sich und manchmal andern
Aufgabenbereiche zu.

5

Wenn man ihn so recht betrachtet,
ist die Statik für ihn klein,
denn er steckte seine Nase
gern in jedes Flugzeug rein,

6

Aber so geht es ja immer,
die Beschränkung schreibt uns vor,
was wir tun und lassen sollen,
und wir sind dabei ganz Ohr.

7

Also war`s Herrn Arends Sache
unser Flieger V F W
und er fand dort bei den Spanten
rechnerisch den rechten Dreh.

8

Die 6, 14 war geboren,
doch sie war zu weich im Heck.
durch Versteifung dieser Teile
brachte er dies Manko weg.

9

Nachher ging es an den Airbus
in der späteren Version,
und an diesem tollen Flieger
schafft er jetzt recht lange schon.

10

Ja, hier sind es nun die Klappen
mit dem ganzen drum und dran,
auf den Querschnitt, auf die Dicken
kommt es da besonders an.

Deutsche Airbus

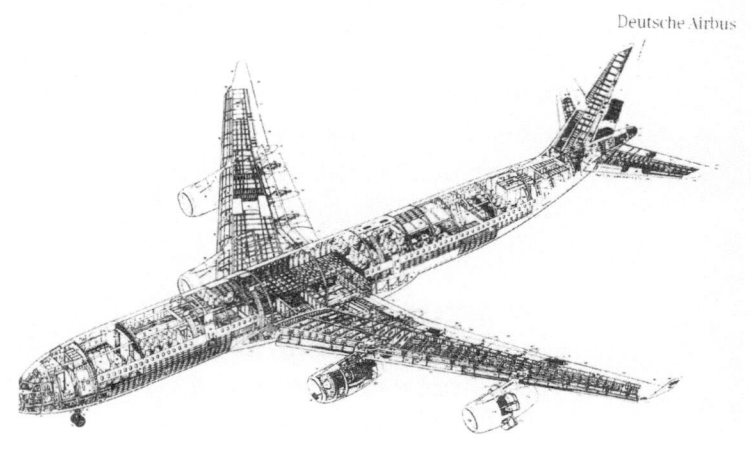

11

An den nächsten Airbustypen
haben Klappen sogar Tabs, #
dieses steigert Kinematik
in Verbindung mit den Flaps.

12

Um sich damit zu befassen,
ist erforderlich ein Team,
und um dieses Team tu steuern,
gab man alle Vollmacht ihm.

13

Ach es kam auch einmal dicker,
denn man schickte ihn dann fort,
dienstlich fernhin in die Staaten,
und er blieb sehr lange dort.

14

Diesmal war ein Airbus-Enkel
dabei schuld an dem Gescheh´n,
Spoiler, Fairings bei der Textron #
hat man ihn dort machen sehn.

15

Die Ideen, die Entwürfe,
hält er immer schriftlich fest,
handgeschrieben, das versteht sich,
originell, wenn man ihn lässt.

 # Flaps – Klappen an den Flügeln
Taps – Klappen an den Flaps
 # Textron – amerikanischer Konzern
Fairings – Verkleidungen der Landeklappe

16

Ganz persönlich gibt das Schlichte
bei ihm einen höh´ren Sinn`,
sei`s die Jacke, sein ´s die Socken,
das Gestrickte ist da „in“.

17

Kulinarisch ist Herr Arends
gern für `s Grüne allemal,
wenn es sich ums Essen handelt,
bleibt die Rohkost erste Wahl.

18

Ganz privat hört man so munkeln –
bastelt er für `s Leben gern,
sei `s im Garten, sei`s bei Möbeln,
seine Welt, sein eigner Stern.

19

Doch der Gipfel seiner Hobbies
ist und bleibt die Fliegerei:
In der Höhe unsrer Lüfte
fühlt er sich beschwingt und frei.

20

Anderen den Weg zu bahnen
in der Segelfliegerei,
ist er Fluglehrer geworden,
ganz korrekt und nebenbei.

21

Laut Steuerkarte hat er Kinder,
drei sind es an ihrer Zahl,
eine Ehefrau nicht minder,
er, der schaffende Gemahl..

22

Hier zeigt er soziale Ader
als ein sorgender Papa,
wenn mal einer Hilfe brauchte,
war er tatkräftig stets da.

23

Sein Eigenheim steht auf dem Lande,
frei von Stadt und Autolärm,
so genießt er mit den Seinen
seine Restefreizeit gern,

24

Aufgetankte Energien
werden frei in dem Betrieb,
ausgeschlafen und stets heiter
ist er uns dann allen lieb.

25

Für die fünfundzwanzig Jahre,
die für einen Menschen lang
sagen wir ihm als Kollegen
unsern Glückwunsch und auch Dank.

Glücklich preisen kann man jeden,
in Gedichten und auch Reden,
der wie unser Jubilar,
so erfolgreich ist und war.

Unserem
Abteilungsleiter

Siegfried Gillandt

zum 25 jährigem

Jubiläum

1

Ein Viertel Jahrhundert ist jetzt vergangen,
seit unser Herr Gillandt jung angefangen
als statische Fachkraft mit Kennerblick,
Naturbegabung und sehr viel Geschick.

2

Sein erstes Flugzeug, unsre V.A.K.
für seine Karriere der Wegweiser war -
ein Senkrechtstarter war ja diese -
steil aufwärts heißt auch seine Devise.

3

Im nächsten, im 614 –Projekt,
hat sich sein Einsatz aufs Cockpit erstreckt,
mit Druckschott und Bugrad mit Reifenbelag
bis hin zu Versuchen mit Vogelschlag

4

Unmöglich, bei jedem Gebiet zu verweilen,
begann er die Arbeit gerecht zu verteilen
auf Mitarbeiter, die er bekommen
und ihn als den Steuermann angenommen.

5

Beim Cockpit mit seinen gewölbten Konturen
hieß es genau sein und eifrig spuren,
dann konn`t man sie stanzen, die vielen Daten:
Drei große Kisten gelochter Karten.

6

Das war der Beginn der mühseligen Zeit,
denn zum Ergebnis war es noch weit.
Die Lage war wirklich gespannt und prekär:
Die Matrix kam raus: Singulär.#

7

Jetzt hieß es wieder Gehirnschmalz verbraten
und andere Möglichkeiten erraten.
Dann schließlich mit Cockpit dreiteilig zerpflückt
ist mit der DEM die Rechnung geglückt.

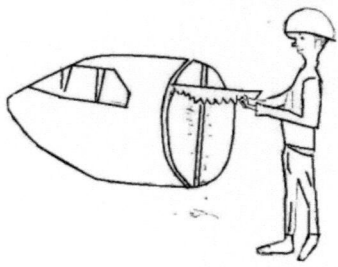

 # Singuläre Matrix hat schleifende Schnitte mit unbrauchbaren Lösungen

8

Es gab außer Technik auch menschliches Bangen,
denn dann ist Herr Rakier verlorengegangen.
Im Nahen Osten war er verschollen,
dabei hätt` er Statik bei uns machen sollen.

9

Was tun? Soll man ihn verlustig buchen?
Oder in einem Weinberg suchen?
Die Botschaft, befragt, hat leider gepasst,
dann kam Rakier selbst – aufs Schlimmste gefasst.

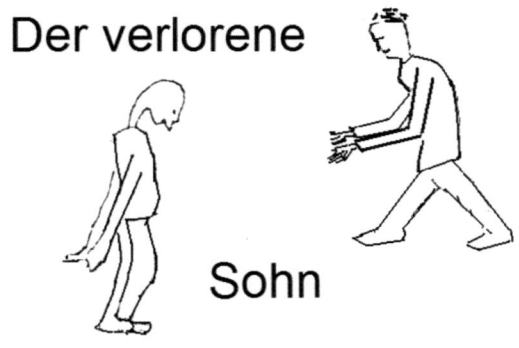

Der verlorene Sohn

10

Die 614 war fertiggestellt,
 es gab noch zu ändern, dann fehlte das Geld.
Drum ist auch Herr Gillandt nach Bonn mitgefahren,
zum Demonstrieren vor circa 10 Jahren.

11

Man machte uns klar, wir sahen es ein,
es gab jetzt kein Flugzeug für uns mehr allein.
Damals, als die Felle uns weggeschwommen,
haben wir Herrn Gillandt als Chef bekommen.

12

Mit viel Optimismus und Hoffnung sodann
eine Ära der Vielfalt bei uns begann,
hier waren es ATTAs, dort Fokker 100
wir waren erstaunt, wir waren verwundert.

13

Die C 160 erlebt ein Come-Back, #
selbst Indonesien kauft sie uns weg.
Die Spoiler betreut in unserem Hause
bei 310 nunmehr der Herr Krause.

14

A 320 mit Toren und Klappen
war auch ein riesiger Arbeitshappen.
Man kann es kaum ahnen und ist dann erschreckt,
wie viel an Arbeit in Lastfällen steckt.

15

Zwar nicht ganz im Rahmen der Fliegerei
der Windmühlenflügel noch zu nennen sei,
auch Äolus (griechisch) –sprich Wind-Gott genannt,
den Herr Gillandt als brauchbar und einsetzbar fand.

Mehrzweckmühle

 # als Arbeitsgebiet der Statik   C160 die Transall

16

Es wurden der Aufgaben immer mehr,
wo nimmt Herr Gillandt die Statiker her?
Unser Arbeitsmarkt war längst ganz leergeputzt,
so dass ein Suchen hier nicht mehr viel nutzt.

17

Good heavens he´s some English engineers,
they are hard workers, not princes or peers.
Seit der Zeit spricht unsre Statik kariert,
mal deutsch und mal englisch, aber glatt wie geschmiert.

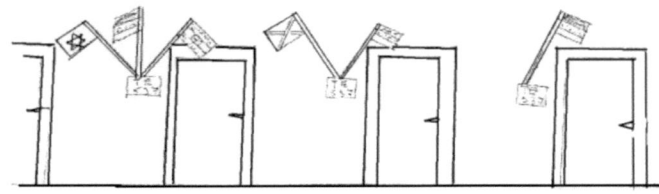

18

Die Einzelprojekte fest in der Hand,
Terminplan gefüllt bis über den Rand,
hat Herr Gillandt ein Ohr noch für alle Belange
von Wabentechnik bis Biegestange.

19

Er wird in der Luft von allen zerrissen,
auf keiner Besprechung will man ihn missen.
So geht es dann weiter in stetem Galopp,
mal Airbus, mal Fokker, dann Fasern, hopp-hopp.

20

Muss alles sich merken, darf nichts vergessen
und hat kaum Zeit zum Atmen und Essen,
nahm selbst nach Haus die Arbeit noch mit,
auch wenn die Familie darunter viel litt.

21

Das gute Gedächtnis ist ihm nicht genug
wir wissen es alle, es gibt da ein Buch,
in dem dann Herr Gillandt ganz eifrig notiert
und ja keine Zahlen und Fakten verliert.

22

Kaum, dass er sich einem Problem zugewandt
mit viel Geschick und mit Sachverstand,
da klopft es von draußen schon an der Tür,
ist denn Herr Gillandt vielleicht grade hier.

23

Gemeinschaftsprojekte mit anderen Ländern
erfordern den Aufenthalt öfters zu ändern.
Wo ist nicht Herr Gillandt schon alles gewesen,
in England, in Frankreich und bei den Chinesen.

24
Man kann es nicht fassen, man kann `s nicht ermessen,
er schuftet, als wär er von Arbeit besessen,
drum ist er, wir sehen es unbenommen,
zum Jubiläum erst heute gekommen.

25
Wir möchten Herrn Gillandt auf Dauer behalten,
den wir immer hoch in Ehren gehalten
und wünschen ihm zu seinem Feste
sowie für die Zukunft stets alles Beste.

Rente mit 65?

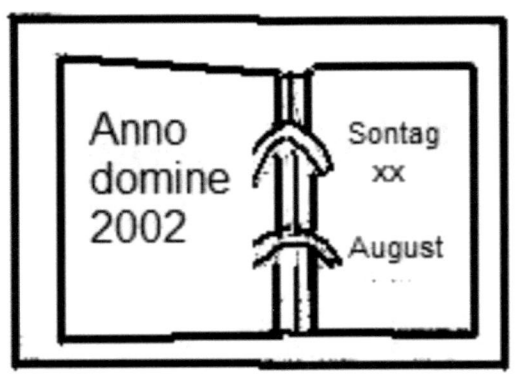

Ja, aber man hat ihn zurückgeholt,

Dem Jubilar

Alfons Nowag

zum 25 jährigem

Jubiläum

Begrüßungslied
Gesungen von Kollegen
Melodie nach einer Hymne zur Vereidigung der Rekruten

Da kommen sie ja, da kommen sie ja,

da kommen sie ja gelaufen!

Da sind sie ja, da sind sie ja,

ein bunt gewürfelter Haufen

und wünschen ihm und wünschen ihm

an seinem Jubelfeste,

recht viel Erfolg, recht viel Erfolg

und immer nur das Beste.

Da kommen sie ja da kommen sie ja,

da kommen sie ja gelaufen!

jetzt sind sie da, jetzt sind sie da,

jetzt können sie verschnaufen,

und sagen ihm und sagen ihm

an seinem Jubelfeste,

du warst ein As, du bist ein As!

Wir wünschen dir das Beste!

1

Freudig, im geschmückten Saale,
sind wir heute hier zugegen,
und zum wiederholten Male
schallt ein Hoch auf den Kollegen!

2

Fünfundzwanzig lange Jahre,
die er sicher nicht bereut,
schaffte er viel Softe Ware
seit dem Studienschluss bis heut.

3

Alfons Nowag wurde ständig
mit viel Rechnerei bedacht,
diese hat er dann sehr wendig
und so schnell es ging gemacht.

4

Schweigend, eifrig, unverdrossen
stürzte er sich ins Profil,
Hautabschnitte eingeschlossen –
bis daraus die Spannung fiel.

5

Mit viel technischem Gefühle
baute er die V.F.W.,
für Schwenkflügel und die Mühle
fand er stets den rechten Dreh.

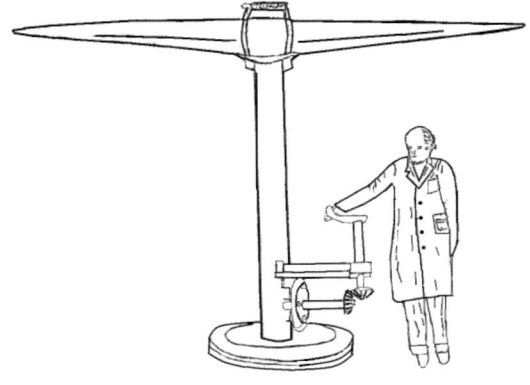

6

Wobei er sich viel bemühte
war sein V.F.W Projekt,
mit der großen Rumpfhecktüte,
die jetzt voll von Denkschmalz steckt.

7

Brachte dann auch noch zuwege
dessen Außenbord – Anschluß,
auch die Spanten - Eckbeschläge
mit Biegung, Schub sowie Schubfluss.

8

Dann, so kam uns mal zu Ohren
baute er, so steif es geht,
eine Plattform für Sensoren
mit sensiblem Messgerät.

9

Dass V.F.W. auf Eis gelegt,
zunächst nur in der Serienzahl,
hätt` uns vom Hocker fast gefegt.
Die Focker stand danach zur Wahl.

10

Die Arbeit und somit das Geld
bracht uns ihr Rumpf, der langgezogen.
Man weiß, dass das auch statisch hält,
drum ist man ihr und ihm gewogen.

11

Das Rechnen füllt den Tag nicht aus,
hat sich Herr Nowag wohl gedacht,
drum baute er ein schickes Haus,
das ihm bis heute Freude macht.

12

Durch Häusle bauen wird man klug,
das Reihenhaus war ihm zu klein
und auf die Dauer nicht genug,
auch sollte es was Bess´res sein!

13

Das Stühlerücken, das vergaß
Herr Nowag seinerzeiten,
derweil er an dem Schreibtisch saß,
er wird`s wohl nicht bestreiten.

14

Wer so wie er Flugzeuge baut,
den sollt man dazu kriegen,
da er der Fliegerei vertraut,
auch selbst mal mitzufliegen!

15

Weil er oft dienstlich reisen muss,
ist er auch dann geflogen.
So sah er England und Toulouse
Auch Donauworth von oben.

16

Nach Hamburg reicht ja noch der Bus,
das eigne Auto auch,
doch wer wie er nach China muss,
der fliegt nach altem Brauch.

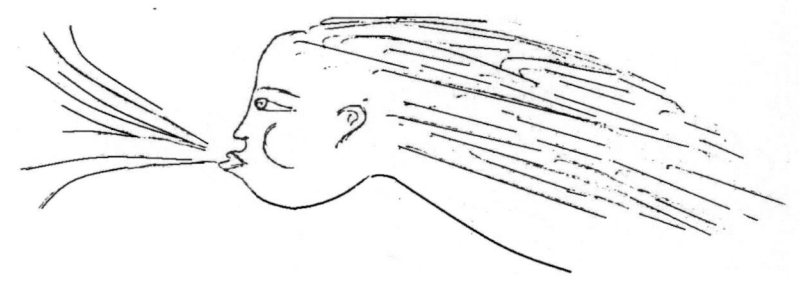

17

Die Windkraft, stromtechnisch begehrt,
alternativ zum Ölverbrauch,
hat uns der Äolus beschert,
dran wirkte Alfons Nowag auch.

18

Nach Gott des Windes wird benannt
dies stählerne Gebilde,
an Schwedens Küste wohlbekannt
im sandigen Gefilde.

19

Man denkt, sieht man die Flügel an,
sie wären aus dem Vollen;
doch Spante, Holme, Haut daran,
sind`s, die hier halten sollen!

20

Sein Durchmesser, der ist enorm,
so fünfundzwanzig Meter.
Sehr denkmalhaft wirkt seine Form,
ein Kunstgenuss für später.

21

Nachrechnung für den Growian
war dann Herrn Nowags Renner.
Man sah ihn als Experten an,
als Windmühlflügelkenner

22

Das Alter bracht die Ehre mit
ein Kirchenamt zu tragen,
auch wenn die Freizeit drunter litt,
wollt` er die Mühsal wagen.

23
Derweil am Schreibtisch im Büro
der Airbus dominiert,
werden die Kräfte hier en gros
per Bildschirm aufgespürt.

24
Denn die Frachttürrahmenschale
in der hintern Fuselage #,
rechnet EDV banale
aus für jede Flugzeuglage:

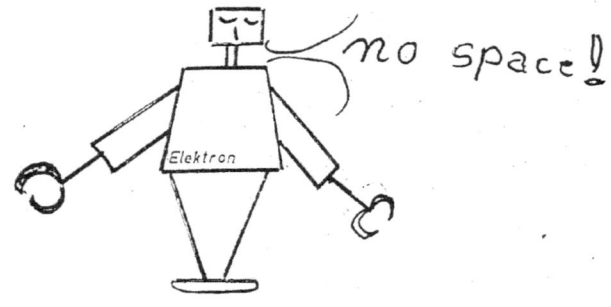

Fuselage –Rumpf

25
Heut nach schaffensreichen Jahren
wünschen wir ihm noch viel Glück!
Mög` er Arbeitsdrang bewahren,
auch fürs nächste Flugzeugstück.

Na sowas

Hannelore Hoose

Deutsche Literaturgesellschaft

ISBN 978-3-940490-17-9

Deutsche Literaturgesellschaft

ISBN 978-3-940490-17-9

€ (D)
€ (A)
CHF

9 783940 490179

www.Deutsche-Literaturgesellschaft.de

5,00 Euro; ISBN 3-926737-00-X
Buch aus der kleine verlag von Dieter D.
jetzt erhältlich im Eigenverlag der Autorin:
Hannelore Hoose
Kurt-Huber-Str. 6
28329 Bremen
Tel.: 042 1/471594

UMWELT
leicht satirisch

VON

HANNELORE HOOSE

6,00 Euro; ISBN 3-926737-01-X
Buch aus der kleine verlag von Dieter D.
jetzt erhältlich im Eigenverlag der Autorin:

Hannelore Hoose
Kurt-Huber-Str. 6
28329 Bremen
Tel.: 042 1/471594

6,00 Euro; ISBN 3-00-004264-4
im Eigenverlag der Autorin:
Hannelore Hoose
    Kurt-Huber-Str. 6
    28329 Bremen
    Tel.: 042 1/471594